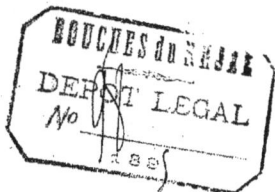

ILLÉGITIMITÉ

DE L'APPLICATION DES TAXES LOCALES

à une partie, improprement appelée

MANQUANT FATAL,

DE L'ALCOOL EMPLOYÉ DANS LES VILLES

à la préparation des Vermouths et des Vins de liqueur

CONSOMMÉS EN DEHORS DE CES VILLES

ILLÉGITIMITÉ

DE L'APPLICATION DES TAXES LOCALES

à une partie, improprement appelée

MANQUANT FATAL,

DE L'ALCOOL EMPLOYÉ DANS LES VILLES

à la préparation des Vermouths et des Vins de liqueur

CONSOMMÉS EN DEHORS DE CES VILLES

ILLÉGITIMITÉ
DE L'APPLICATION DES TAXES LOCALES
à une partie, improprement appelée

MANQUANT FATAL,
DE L'ALCOOL EMPLOYÉ DANS LES VILLES
à la préparation des Vermouths et des Vins de liqueur
CONSOMMÉS EN DEHORS DE CES VILLES

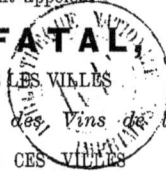

———————————

Les préparateurs de vermouths et de vins de liqueur, établis dans les villes soumises aux droits d'entrée et d'octroi, qui, à la veille de la réforme de l'impôt des boissons instamment réclamée, avaient quelques motifs de se croire à l'abri de nouvelles exigences, viennent d'avoir la surprise de recevoir, de la part de la Régie, sommation d'acquitter le montant des *taxes locales* sur le **manquant fatal** qui jusqu'ici n'avait été imposé que du droit général de consommation.

Cette réclamation n'est pas seulement étonnante, dans les circonstances présentes, elle est en outre profondément injuste et gravement préjudiciable aux légitimes intérêts d'une importante catégorie de commerçants et d'industriels.

Qu'entend-t-on par *taxes locales* et par **manquant fatal?**

Il est plus aisé de répondre à la première partie de cette question qu'à la seconde.

TAXES LOCALES

On désigne, sous le nom collectif de taxes locales : le droit d'entrée et le droit d'octroi, perçus, l'un au profit de l'Etat, et l'autre à celui des communes, sur les boissons consommées dans l'intérieur des villes assujetties au paiement de ces droits, sans préjudice de l'application, sur les mêmes boissons, du droit général revenant exclusivement à l'Etat.

Ainsi que l'indiquent leurs noms particuliers, droit d'entrée et droit d'octroi, ces taxes ont et une portée purement locale, c'est-à-dire que leur application

Ⓒ

a pour extrêmes limites celles des villes ou des communes qui y sont soumises, et que la condition essentielle et absolue d'exigibilité, c'est le fait de consommation réelle et non fictive dans l'intérieur de ces limites. Il suffit de parcourir les principaux articles organiques de la législation de ces droits *(reproduits a la fin du présent)* pour remarquer que le législateur a fait, de tout temps, de la consommation locale, la condition première et la plus absolue de l'application de ces taxes.

Elles sont encore appelées locales par opposition aux taxes générales établies au profit de l'Etat sur les boissons consommées dans l'intérieur des frontières françaises. Mais, tandis que le taux de ces dernières est partout le même, du moins pour l'alcool, celui des premières varie suivant l'importance des villes. Ainsi, en sus du droit général de consommation uniformément fixé à 156 fr. 25 c. par hect. d'alcool pur, il est perçu, en impôt local : à Paris, 109 fr. 80 c.; à Marseille, 84 fr. 00 ; à Lyon, 71 fr. 00 ; à Montpellier, 46 fr. 50; à Béziers, 47 fr. 25 c. et, à Cette, 40 fr. 25 c.

MANQUANT FATAL

Il est bien moins aisé et beaucoup plus long d'expliquer, avec quelque clarté et quelque précision, en quoi consiste le **manquant fatal**.

Avant d'essayer de définir ce que l'on entend ordinairement désigner par cette étrange appellation, il paraît indispensable de donner quelques explications sur les opérations qui, après 30 ou 40 ans de pratique contraire, viennent de fournir à la Régie l'occasion d'émettre une nouvelle prétention.

Les préparateurs français de vermouth et de vins de liqueur, de même que les producteurs des pays étrangers dont ils ont emprunté les procédés, pour les appliquer, avec d'importantes améliorations, aux produits de la viticulture nationale, sont obligés, pour assurer la fixité et la conservation de leurs préparations, d'ajouter, aux vins naturels qui en forment la principale base, des quantités plus ou moins importantes d'esprit de vin, par versements successifs et variés effectués pendant les diverses phases de préparation.

Il importe de faire remarquer tout d'abord, afin de dissiper certaines préventions qui n'ont aucune raison de se manifester dans la question qui nous occupe, qu'il ne s'agit nullement ici de l'alcoolisation de *vins ordinaires, rouges ou blancs, de consommation courante.* A l'égard de ces vins, non seulement la franchise du vinage a été complètement supprimée par la loi du 8 juin 1864 (art. 5), mais encore le vinage lui-même a été sévèrement prohibé par la loi du 25 juillet 1894. Il est question seulement des additions d'alcool à des produits spéciaux en faveur desquels le 2ᵐᵉ § de cette dernière loi a stipulé la réserve suivante :

« Il n'est rien changé à la législation existante en ce qui touche les vins dits de liqueur et les vins destinés à l'exportation. »

Insérée dans une loi essentiellement prohibitive du mouillage et du vinage des vins de consommation courante, l'exception concernant les vermouth et les vins de liqueur indique clairement que le législateur, à une date très récente, a formellement manifesté l'intention de n'apporter, tant au point de vue économique que fiscal, aucune entrave à l'alcoolisation de produits spéciaux auxquels, en France comme à l'étranger, des additions supplémentaires d'alcool sont absolument indispensables.

L'alcool contenu dans les esprits ajoutés aux vins naturels, base des préparations, forme dans les mélanges ce que, en langage fiscal, on appelle **force alcoolique additionnelle**, par opposition à la **richesse alcoolique naturelle** apportée par les vins employés. Dans une même préparation, la quantité primitive d'alcool naturel reste fixe et invariable, mais sa proportion première, comparée au nouveau volume créé par les additions de spiritueux dépourvus de richesse naturelle, diminue au fur et à mesure que deviennent plus importants ces versements exclusivement chargés de force additionnelle. Par exemple, (*voir à la fin, au premier tableau l'opération* D), si à 90 hect. de vin pesant naturellement 10° (= alcool 9 hect.), on ajoute 10 hect. d'esprit à 80° (= alcool 8 hect.), on obtient un volume total de 100 hect. titrant exactement 17° et contenant 17 hect. d'alcool, dont 9 hect. de naturel et 8 hect. d'additionnel. La division de chacune de ces deux dernières quantités d'alcool par le volume total du mélange, 100 hect., donnera les proportions suivantes : *richesse naturelle*, 9°; *force additionnelle*, 8°; *ensemble*, 17°.

Par le fait du mélange lui-même et conformément à la règle mathématique, la proportion primitive naturelle est donc tombée de 10° à 9° et la force additionnelle de 80° à 8° ; la moyenne s'est exactement formée à 17°.

Il est à remarquer que les vermouths et les vins de liqueur étant imposables, sous le régime actuel, d'abord comme vins sur leur volume total, les 10 hectolitres d'esprit ajoutés, qui ont augmenté d'autant le volume primitif du vin, seront, lors de la livraison du mélange à la consommation, imposés comme vin des taxes générale et locales, sans pour cela cesser d'être imposables pour la totalité de l'alcool (8 hect.) qu'ils ont fourni à la préparation.

L'alcool naturel contenu dans les vins ne titrant pas au delà de 15° est toujours exempt d'impôt. Au contraire, depuis la suppression de la franchise du vinage, les spiritueux ajoutés, bien qu'ils deviennent, par leur transformation, passibles des droits, d'une part, comme vin sur leur volume, restent néanmoins imposables, d'autre part, pour leur alcool, savoir : du droit simple de consommation sur la partie de la force additionnelle qu'ils créent dans les mélanges allant de la teneur naturelle à 15° inclus, et, du double droit, sur la partie formant les degrés supérieurs, 16° à 21° inclus, ordinairement appelés, pour cette raison, **degrés de surforce.**

Il y a donc lieu, dans chaque opération de vinage, de s'occuper, non plus du volume des spiritueux transformé en vin et définitivement porté comme tel en compte, mais de distinguer les deux quantités d'alcool additionnel, passibles de deux taxes inégales. Au point de vue de l'application de cette règle fiscale, la totalité de l'alcool contenu dans la préparation qui nous sert d'exemple se décomposera donc comme suit :

1° — 9° naturels   soit 9 hect. alcool naturel exempt d'impôt ;

2° — 6° additionnels » 6 »   »   additionnel imposable à 156 fr. 25;

3° — 2° additionnels » 2 »   »   »   »   à 312 » 50.

17°   Total, soit 17 hect.

Dans cette décomposition, les 6 hect. d'alcool imposables du simple droit de consommation et représentant la partie de la force additionnelle intermédiaire de la teneur naturelle et de la surforce du mélange (c'est-à-dire les 10°, 11°, 12°, 13° 14° et 15° degrés) forment *précisément* ce que les alcoolisateurs d'abord et, après eux, la Régie, ont inexactement appelé **MANQUANT FATAL**, et qu'il serait plus clair et plus exact de définir : **Partie de l'alcool employé dans les vinages, qui n'apparaît pas dans le mélange en degrés de surforce.**

Il est manifestement évident que, parce qu'une portion de l'alcool additionnel ne reparaît pas en surforce, elle ne fait pas moins partie intégrante de la force totale des mélanges; qu'il serait absolument absurde de prétendre qu'elle en a fatalement disparu, et que la distillation n'en retrouverait aucune trace. Si, par l'effet d'une fatalité quelconque, difficile à imaginer, il pouvait en être ainsi, le produit du mélange ne pèserait pas 17 degrés, mais 11° seulement (c'est-à-dire la somme des 9° naturels et des 2° de surforce). Or, les commerçants et la Régie elle-même ont journellement occasion de constater, dans les innombrables opérations de vinage, que jamais une disparition de ce genre ne s'est produite et qu'il est absolument impossible qu'elle puisse se produire. A part quelques légers déchets dus à l'évaporation ou à des coulages et portant aussi bien sur le volume des préparations que sur leur alcool, (déchets amplement couverts d'ailleurs par les allocations annuelles), le résultat des opérations matérielles est toujours d'accord avec les données mathématiques de la loi des mélanges qui a indiqué, avec une précision parfaite, dans quelle proportion chaque liquide devait, suivant sa force particulière, participer à la composition des préparations pour former ensemble un volume titrant exactement le degré désiré. Par conséquent, il est mathématiquement et expérimentalement démontré que les opérations de vinage ne produisent aucun manquant matériel d'alcool additionnel.

Il faut donc chercher ailleurs que dans une prétendue fatalité l'explication des causes qui ont fait appeler **manquant** et qualifier de **fatal** une quantité d'alcool additionnel qui est intégralement représentée dans le vin auquel elle a été ajoutée.

Causes du MANQUANT FATAL

Ces causes sont purement factices et le **manquant prétendu fatal** n'est en réalité que le résultat voulu et la conséquence forcée d'un artifice de comptabilité fiscale. En effet, tandis que chez les préparateurs pour la consommation nationale, la Régie porte en compte d'entrepôt la partie de l'alcool employé qui se traduit en degrés de surforce, elle refuse d'y porter aussi celle qui forme les degrés inférieurs, bien qu'elle ait soin d'enregistrer, pour le soumettre à l'impôt, comme vin, le volume total des esprits employés. De telle sorte que la première cause bien apparente du prétendu manquant, c'est la fixation à 15° de la limite de démarcation, au delà de laquelle l'alcool additionnel devient passible du double droit. L'alcool au-dessus, parce qu'il acquitte le double droit, n'est pas un manquant fatal ; mais celui au-dessous, parce qu'il ne doit légalement que le simple droit, ne mérite pas, d'après la Régie, s'il est employé dans la préparation des vins de liqueur, le traitement qui lui est accordé dans toutes les autres boissons spiritueuses sans exception. La fixation de cette limite lui sert de prétexte pour refuser le crédit des droits et la faculté de le transférer suivant les besoins industriels ou commerciaux. C'est cet inexplicable refus qui est la véritable cause de tous les conflits désignés sous le nom, devenu générique, de **questions du manquant fatal**. C'est lui qui tend actuellement à rendre impossibles dans les villes toutes les préparations qui ne sont pas destinées à l'exportation, et à nous rendre ainsi, comme antérieurement aux premières années de ce siècle, tributaires de la production étrangère. La suppression de la faculté de transférer l'alcool additionnel jusques à 15° inclus, conséquence forcée du refus de la concession du crédit, a déjà presque complètement détruit, au seul bénéfice des pays étrangers, l'industrie autrefois si prospère des vins de liqueur proprement dits et a dissuadé les viticulteurs de reconstituer des vignobles qui faisaient, avant les ravages du phylloxera, la réputation et la fortune de plusieurs contrées.

Origines de l'appellation : MANQUANT FATAL

Comment et pourquoi cette appellation, dont nous venons de démontrer l'inexactitude, a-t-elle été adoptée, malgré ce vice fondamental, pour désigner l'alcool additionnel intermédiaire de la richesse naturelle et de la surforce des produits vinés ? Il n'est peut-être pas sans intérêt et sans à-propos de le rappeler.

Lorsque la limite de surforce fut abaissée, par l'article 3 de la loi du 1er septembre 1871, de 18° à 15°, quelques négociants alcoolisateurs, sans s'être préalablement rendu compte des rigueurs de la règle des mélanges, se figuraient que pour élever de 3 degrés (de 15° à 18° par exemple) 100 hectol. de vin pesant primitivement 15°, il suffirait d'y ajouter 1 lit. d'alcool par 100 litres de vin à élever de 1 degré, soit, pour 100 hectol. à élever de 3 degrés, 3 hectol. d'alcool pur (fournis par 349 lit. d'esprit à 86°). Ces négociants, assurément trop confiants dans leur calcul sommaire, firent appeler les employés de la Régie pour les prier de constater leur opération et de leur donner ensuite décharge, au compte des spiritueux, des 3 hectolitres d'alcool employés. Mais ceux-ci leur firent remarquer que, pour obtenir l'élévation de 3 degrés désirée, il ne suffisait pas de verser 349 lit. d'esprit à 86° = alcool pur, 300 lit.; que la loi des mélanges réclamait impérieusement l'addition de 441 lit. = alcool pur 379 lit., addition devant former un volume total de 104 hectol. 41 lit., exactement à 18 degrés et composé comme suit : (*Voir au 1er Tableau l'opération C.*)

1° — de 100h. »lit. vin à 15° = 15h. »lit. alcool naturel ;

2° — de   4 41 esprit à 86° = 3 79   alcool additionnel ;

Ensemble : 104h. 41lit. produit à 18° = 18h. 79lit. alcool total.

Heureux d'avoir l'occasion de chasser une grossière erreur de leur esprit, ces commerçants s'empressèrent de se conformer à la règle indiquée et de verser la quantité d'esprit nécessaire à leur opération. Mais cette satisfaction ne tardait pas à être suivie d'une désagréable et coûteuse surprise. En effet, après avoir expédié le volume total de leur préparation, ils constataient avec étonnement que leur compte spécial de vins alcoolisés, au lieu d'être déchargé, à titre de surforce, de 379 lit. d'alcool réellement versés sur le vin expédié, ne l'était en réalité que de 313 litres (produit du volume total 104 h. 41 lit. par 3 degrés de surforce), et que, par suite, leur compte était fictivement reliquataire de 66 litres formant la différence entre la quantité d'alcool employée et celle portée en décharge. Cette quantité ne pouvant être représentée, à la fois, dans le vin expédié et dans les magasins, manquait nécessairement chez les commerçants qui, voyant leurs comptes constitués en manquant par un système de comptabilité fiscale revêtant, à leurs yeux, toutes les apparences d'une véritable fatalité, furent tout naturellement portés à appeler **manquant fatal** la partie de l'alcool employé qu'il leur était matériellement impossible de représenter en magasin et sur laquelle ils se voyaient par suite contraints de payer les droits.

Telles sont les origines et les causes de cette étrange appellation. Mais, bien qu'elle ait pris naissance dans le cas tout particulier de vinages effectués sur des vins présentés à l'opération à 15°, le déficit fictif et forcé qu'elle sert maintenant à désigner, et qui, comme nous l'avons déjà expliqué, a pour causes la suppression de la franchise du vinage, la fixation à 15 degrés de la limite au delà de laquelle l'alcool additionnel devient imposable du double droit, et surtout le refus d'admettre en compte, avec faculté de transfert, l'alcool additionnel jusque à 15° inclus, ce déficit ne se produit pas moins d'une manière générale, et avec la même rigueur mathématique, dans toutes les opérations d'alcoolisation sans exception. Seulement, son importance varie, ainsi que le démontrent les exemples du tableau placé à la fin du présent, suivant que le vin à viner présente une teneur alcoolique plus ou moins inférieure à 15 degrés. Pour élever un vin d'un degré quelconque à 15 degrés, tout l'alcool employé apparaît en manquant fatal. Pour celui pesant déjà 15°, la majeure partie de l'alcool additionnel se traduit en degrés de surforce ; mais mathématiquement, par le fait seul de la fixation à 15° d'un point de démarcation, une certaine partie apparaît toujours, même dans les opérations élevant de 1 ou 2 degrés les préparations titrant déjà 16, 17 ou 18°. Tous les alcoolisateurs sont donc plus ou moins atteints, suivant l'importance de leurs opérations et les proportions d'alcool qu'ils emploient, par les rigueurs abusives de cette règle de comptabilité fiscale. Cependant, bien que faisant tous, dans les villes comme dans les campagnes, des opérations fiscalement parlant identiques, ils ont adopté, parmi les divers régimes plus ou moins étroits et incertains que leur offrait la Régie, celui qui semblait être le moins préjudiciable à leur genre d'industrie. Ces régimes varient selon que les commerçants et les industriels sont :

1° Préparateurs exclusivement exportateurs ;

2° Préparateurs vendant à la fois à l'étranger et à l'intérieur ;

Et 3° Préparateurs vendant seulement à l'intérieur.

De ces trois comptes différents, celui qui paraît, non pas le plus commode, car aucun ne l'est, mais le moins injuste dans ses conséquences, c'est le compte simple d'exportation. Aux préparateurs qui peuvent l'adopter, mais à la condition expresse d'effectuer leurs opérations dans des magasins non contigus à ceux contenant des boissons destinées à la consommation intérieure et en outre séparés de ces derniers par la voie publique, le crédit des droits est concédé sur tout l'alcool employé aux vinages, que cet alcool forme ou non des degrés de surforce dans les mélanges. Tous les vins sans distinction et tous les mélanges sont suivis aux charges : 1° pour leur volume total ; 2° pour l'alcool naturel qu'ils renferment et 3° pour l'alcool qui y a été ajouté. Les expéditions qui doivent être exclusivement destinées à l'étranger sont portées en décharge définitive et pour leur volume, comme vin, et pour la totalité de leur alcool, sans distinction entre la richesse naturelle et la force additionnelle et par conséquent sans indication de la partie de celle-ci reparue en surforce et de celle non reparue. Régulièrement tenu et suivi, ce genre de compte ne fait apparaître au règlement final aucun manquant fatal, et cela uniquement parce que (il n'est pas sans intérêt de le constater) la totalité de l'alcool contenu dans les produits expédiés est portée en sortie et en décharge, comme elle avait été portée aux entrées.

La comptabilité appliquée aux préparateurs de la 2ᵐᵉ catégorie expédiant de leur magasin et de leur compte *uniques*, aussi bien à l'étranger qu'à l'intérieur, est exactement la même que pour ceux de la première, en ce qui concerne toutes les charges. Crédit est accordé sur tout l'alcool employé. La différence, mais une différence profonde, porte seulement sur les sorties. Tandis que les produits expédiés à l'étranger sont, comme chez les préparateurs de la première catégorie, portés en décharge pour la totalité de l'alcool qu'ils renferment, sans distinction entre les forces naturelle et additionnelle ; au contraire, ceux livrés à l'intérieur sont portés en décharge, quant à leur force additionnelle, pour la partie seulement apparue en degrés de surforce. L'autre partie, *manquant fatal*, est ainsi fictivement retenue aux charges, quoique réellement sortie avec les produits expédiés dont elle fait partie intégrante. La balance et le règlement de fin d'année, effectués conformément aux dispositions non explicitement abrogées de l'instruction du 22 décembre 1864 (n° 980) et de la circulaire n° 407 du 28 octobre 1884, font nécessairement (fatalement) apparaître en manquant l'alcool réellement expédié, mais non porté en décharge. Ce règlement fournit encore l'occasion de constater que chez les commerçants de la 2ᵐᵉ catégorie, les produits exportés ne laissent après eux aucun manquant aux charges, uniquement pour la même raison qui n'en fait apparaître aucun chez les simples exportateurs.

Quant aux préparateurs placés dans la 3ᵐᵉ catégorie, après avoir joui pendant de longues années (comme MM. Thierry et Claudon, de Béziers) du crédit des droits sur tout l'alcool employé, ils se sont vu retirer successivement cette faculté et, actuellement, ils sont obligés de payer le droit de consommation au moment même de chaque opération de vinage, sur la portion de l'alcool employé qui ne reparait pas en degrés de surforce dans les mélanges. *(Voir les divers exemples du premier Tableau.)* Le crédit et la faculté de transférer ce crédit ne leur sont accordés que relativement aux degrés de surforce. Pour ces commerçants, chaque vinage fait immédiatement et forcément apparaître la quantité d'alcool additionnel auquel la Régie n'accorde le crédit que chez les préparateurs des deux premières catégories.

Mais la concession faite à ces derniers est subordonnée à des conditions tellement restrictives, gênantes et coûteuses, que le plus grand nombre de préparateurs a été obligé d'opter pour la 3ᵐᵉ catégorie.

Les longues explications qui précèdent étaient indispensables pour démontrer qu'en aucun cas la partie de l'alcool additionnel que la Régie s'obstine à qualifier de **manquant fatal**, par la seule raison qu'il ne forme pas des degrés de surforce, ne présente, ni par sa nature réelle, ni par ses apparences artificielles, aucun des caractères constitutifs du manquant ordinaire, légitimement considéré comme frauduleusement livré à la consommation. Ce qui constitue, en effet, le véritable manquant, imposable au taux le plus élevé de toutes les taxes établies sur une même boisson dans les localités où sont situés les entrepôts en déficit, c'est l'**absence matérielle et injustifiée** d'une quantité quelconque de boisson qui doit être matériellement représentée dans un entrepôt, d'après la balance des écritures ayant fidèlement enregistré les entrées et les sorties. Or, nous venons d'expliquer que, sous les trois régimes différents qui sont appliqués aux préparateurs, seules les opérations de vinage qui sont traitées contrairement aux règles ordinaires de la comptabilité générale font apparaître un manquant **purement fictif** et, par conséquent, justifié par les caprices mêmes de cette étrange comptabilité.

Donc, il est contraire à toute logique d'appeler cette quantité d'alcool additionnel **manquant fatal** et de chercher, à l'aide de cette fausse appellation, de le traiter fiscalement comme un manquant ordinaire, c'est-à-dire présumé livré en fraude.

Droit général de consommation sur le MANQUANT FATAL

Au point de vue de l'application du droit général de consommation, du moment que la partie de l'alcool additionnel non reparue en surforce n'a pas, dans sa transformation en vin, perdu son caractère d'alcool et que, suivant les termes de l'arrêt de la Cour de cassation du 23 juillet 1879 *(affaire Thierry)*, « elle est restée, comme tout alcool livré à la consommation, passible, non pas du double droit, comme le prétendait la Régie, mais du droit simple de consommation », peu importe le nom qui lui est plus ou moins exactement attribué et la forme sous laquelle la comptabilité fiscale le fait apparaître imposable, puisque ni ce nom ni cette forme ne modifient en rien la nature et l'importance du droit qui lui est applicable. Peu importe également que cet alcool soit frappé du droit général dans l'intérieur d'une ville ou d'une commune rurale, au lieu de l'opération du vinage ou à celui de consommation effective, un peu plus tôt ou un peu plus tard, puisque, dans tous les cas où il n'est pas livré à l'exportation, il reste imposable d'un droit exigible une seule fois et partout fixé au même taux.

Mais il est loin d'en être de même en ce qui concerne l'application des droits d'entrée et d'octroi.

Taxes locales sur le MANQUANT FATAL

Les taxes locales, ainsi que l'indique leur nom, n'ont pas, comme le droit général de consommation, pour limites d'exigibilité les frontières françaises, mais seulement celles des villes ou des communes qui y sont assujetties. De plus, leur taux varie suivant l'importance de la population des villes et leur produit revient, pour la majeure partie, aux communes elles-mêmes en faveur desquelles elles ont été spécialement établies. Chaque ville perçoit exclusivement pour son propre compte sur la consommation locale et nullement, par anticipation, pour le compte des autres villes dont les tarifs lui sont tout à fait inconnus et les intérêts absolument étrangers. Ici, le nom de la boisson à imposer, loin d'être indifférent, a une importance capitale. Ce nom doit désigner l'objet d'une manière claire et précise et de plus être inscrit au tarif. Or, l'appellation **manquant fatal** n'est pas seulement contraire à la nature réelle de l'objet auquel elle a été si singulièrement appliquée, mais de plus elle ne figure dans aucun tarif et ne peut pas même y être régulièrement inscrite. Est-ce à dire pour cela que le **manquant fatal** ne soit, en aucun cas, passible de taxes locales ? Nullement. Il est incontestable que celui qui est relatif aux produits livrés dans les villes doit légalement être imposé des taxes propres à ces villes. Mais, avant d'examiner le cas où il peut être juste de lui appliquer ces taxes et afin de déterminer ce cas d'une manière précise, il est indispensable de désigner l'alcool additionnel non reparu en surforce, de son vrai nom qui n'est pas celui de **manquant fatal**. L'appellation simple de manquant, en effet, appliquée à une quantité quelconque de boisson chez l'entrepositaire des villes, implique, par elle-même, l'idée de livraison irrégulière sur place et rend cette quantité passible des taxes locales. Il est donc de toute nécessité et de toute justice de donner à l'alcool en question la dénomination fiscale qui convient à sa nature réelle et nullement aux apparences trompeuses que lui fait revêtir une comptabilité d'exception. Cet alcool, ainsi que la Cour de cassation l'a implicitement déclaré dans le passage de ses considérants déjà cité, doit être logiquement considéré **comme tout alcool livré à la consommation**, c'est-à-dire imposable du droit général seulement lorsqu'il est livré à la consommation générale en dehors des villes, et, en outre, des taxes locales lorsqu'il est consommé dans l'intérieur des villes.

La dénomination de **manquant fatal**, quoique imaginée, avec quelque à-propos, pour désigner un déficit purement fictif, a été à son tour réellement fatale à l'objet même auquel elle a été si improprement appliquée. Elle a fait commettre, de bonne foi sans doute, mais avec de très fâcheuses conséquences, une foule d'erreurs, de confusions et de malentendus qui n'ont malheureusement que trop contribué à faire naître, à obscurcir et à envenimer de nombreux conflits, dont plusieurs ont même été portés devant des tribunaux qui, dans ces questions toutes spéciales, particulièrement confuses et embrouillées, ne paraissent pas avoir les connaissances techniques suffisantes pour les solutionner avec toute la compétence et l'autorité désirables. Il n'est ni rare ni étonnant de rencontrer encore de nombreux commerçants et de non moins nombreux agents des Contributions indirectes qui, induits en erreur par cette inexacte appellation, et n'ayant pas eu occasion d'examiner de près, sur des opérations multiples, ce qu'ils entendent appeler **manquant fatal**, se figurent, de bonne foi, mais non sans une secrète hésitation, qu'il y a peut-être une réelle disparition d'alcool additionnel dans toute opération de vinage. Ils n'auraient certainement pas commis cette regrettable erreur, cause première de tous les conflits, si ce qui fait encore aujourd'hui l'objet de discussions confuses et d'appréciations erronées avait primitivement reçu une dénomination plus claire, plus exacte et plus précise.

Un procès intenté en 1884 à M. Claudon, négociant à Béziers, n'a pas d'autre origine ni d'autre cause que les erreurs et les confusions dont nous venons de parler, auxquelles sont venus par surcroît se joindre un indéfinissable esprit de parti et un aveuglement fiscal qui malheureusement semble prendre depuis quelque temps des proportions inquiétantes parmi le haut personnel de la Régie et le rendre de plus en plus sourd aux considérations primordiales d'équité qui, à travers des rigueurs souvent excessives dans la pratique, semblaient du moins avoir inspiré jusqu'à ces dernières années les solutions des questions de principe.

Ne se tenant pas pour satisfait par la perception du droit de consommation sur la quantité d'alcool additionnel non réparue en degrés de surforce au compte de M. Claudon, le Service de Béziers lui réclamait en outre les taxes locales sur ce même alcool, bien que l'intégralité des produits sur lesquels il avait été versé fût régulièrement sortie des limites d'octroi de cette ville. On ne peut énoncer une pareille réclamation en des termes qui ne fassent aussitôt apparaître tout ce qu'elle a de contraire aux notions courantes de justice. Il est de toute évidence, en effet, que, si la totalité d'une préparation effectuée dans l'intérieur d'une ville en est régulièrement sortie, si, à son passage devant les bureaux de vérification, elle a été reconnue, quant à son volume et à son titrage alcoolique, conforme à la déclaration faite au départ de l'entrepôt, les degrés additionnels jusques à 15° inclus ne sont pas moins réellement et certainement contenus dans cette préparation que ceux reparus en surforce ; qu'il est donc incontestablement démontré que l'alcool (manquant fatal) représenté par ces degrés fait nécessairement partie intégrante de la préparation sortie de la ville et, par conséquent, qu'il n'a pas pu être livré à la consommation intérieure. Dès lors, il est réellement excessif et absolument injuste de vouloir lui appliquer les taxes locales, exigibles seulement sur les boissons consommées à l'intérieur du lieu sujet.

L'exonération de ces taxes avait paru si rationnelle et si logique aux auteurs de l'instruction qui accompagne et complète la Circulaire 980, du 22 décembre 1864 (instruction qui, malgré les nombreuses et profondes modifications que lui ont apportées les Circulaires 407, du 28 octobre 1884, et 502 du 31 janvier 1888, reste encore la règle fondamentale à suivre par le Service en matière de vinages), que, pour prévenir toute fausse interprétation, ils l'avaient inscrite dans les dispositions générales, en termes on ne peut plus explicites et formels. Les voici textuellement reproduits :

« *Les quantités d'alcool contenues dans ces vins (envois à la consomma-*
« *tion intérieure, envois effectués à des commerçants sans transfert de l'alcool*
« *ajouté)* ressortiront en manquants *et, en fin d'année, elles seront, sous*
« *déduction de la richesse naturelle des vins, frappées du droit de consomma-*
« *tion et,* s'il y a lieu, des taxes locales. »

Et immédiatement après, est clairement spécifié, en termes impératifs, le cas où il n'y a pas lieu d'appliquer ces taxes.

« *Les droits locaux d'entrée et d'octroi sur les eaux-de-vie et esprits*
« *employés à des vinages* ne seront exigés *que pour les vins livrés à la*
« consommation dans le lieu même où ils auront été vinés *(livraisons à*
« *des non-entrepositaires, livraisons à des entrepositaires sans transfert de*
« *l'alcool, manquants nets).* »

Ignorant sans doute cette disposition (qui n'est encore ni implicitement ni explicitement abrogée), ou n'en ayant pas compris la réelle portée, le Service avait inconsciemment constaté, sur ses états de produits annuels, en même temps que les droits de consommation, ceux d'entrée et d'octroi sur la quantité totale qui était apparue en manquant fatal entièrement applicable aux vins alcoolisés régulièrement expédiés à l'extérieur de la ville. Trompé par cette apparence et entraîné par de funestes habitudes de fiscalité, le Service n'avait vu dans cette quantité d'alcool qu'un manquant ordinaire, c'est-à-dire présumé livré en ville, tandis qu'un examen plus attentif lui aurait clairement montré la partie d'alcool additionnel non reparue en surforce et fictivement retenue aux charges, (en vertu même du premier paragraphe ci-dessus reproduit), lors de la sortie et de la décharge des produits qui l'avaient emmenée avec eux en dehors de la ville, et devant, à ce titre, être affranchie des taxes locales (conformément au deuxième paragraphe de notre citation, paragraphe inspiré des principes mêmes de la législation des droits d'entrée et d'octroi (art. 11 de l'ordonnance du 9 décembre 1814 et 29 de la loi du 28 avril 1816) qui ne permettent d'appliquer ces taxes qu'aux boissons destinées à la consommation locale).

Devant le refus basé sur ces principes et ces instructions administratives, opposé par M. Claudon, le Service local de Béziers, ne pouvant modifier sa comptabilité déjà définitivement arrêtée et envoyée à l'Administration supérieure, sans s'attirer de justes reproches, jugea préférable d'engager des poursuites. Il est évident que, dans la circonstance, les erreurs et les confusions dont nous avons déjà parlé ont été pour beaucoup dans cette détermination, mais il est non moins apparent qu'une question d'amour-propre et de parti pris, plus personnel peut-être qu'administratif, a également eu une certaine part dans cette fâcheuse résolution, l'intérêt industriel seul a été sacrifié. Ce qui donne à cette poursuite un caractère particulièrement étonnant, c'est qu'elle a été commencée d'une manière isolée par le service de Béziers, sans abrogation préalable par l'Administration centrale d'instructions générales formellement contraires et partout ailleurs ponctuellement observées, contre le moins important des alcoolisateurs de cette ville et pour une somme relativement minime, puisqu'il s'agissait seulement de 43 fr. 17 c., montant des taxes locales sur 126 litres de **manquant fatal**. En inscrivant par pure inadvertance une si faible quantité sur leurs états de produits, les employés qui firent la première constatation de taxes locales sur cette espèce d'alcool, étaient aussi loin de s'inquiéter de sa légitimité que de prévoir la gravité des conséquences que l'Administration locale d'abord et ensuite l'Administration supérieure chercheraient à en faire découler à l'encontre des alcoolisateurs des villes, contrairement à tous les précédents et à des décisions aussi nombreuses que formelles sur ce point particulier.

Une fois le procès engagé dans de si regrettables conditions, le Service de

Béziers a invoqué comme un précédent juridique favorable à sa prétention l'arrêt de la Cour de cassation du 28 juillet 1879, condamnant M. Thierry, négociant à Béziers, au paiement du droit de consommation sur une importante quantité d'alcool passée en manquant fatal. Avec un peu moins d'aveuglement fiscal, le Directeur de Béziers, en 1884-1885, aurait d'abord remarqué dans les phases traversées par l'affaire Thierry, des circonstances particulières qui semblaient peu favorables à sa cause. En effet, son prédécesseur de 1874-1879, après avoir réclamé, devant le Tribunal de première instance, non seulement les doubles droits de consommation sur le manquant fatal apparu au compte de Thierry, mais encore les doubles droits d'entrée et d'octroi, mieux éclairé sans doute au cours des débats qui avaient amené un premier échec motivé par l'excès même de sa réclamation, avait jugé à propos d'abandonner les taxes locales en relevant appel, et s'était borné à poursuivre le paiement des doubles droits de consommation. La Cour de cassation, ayant jugé cette prétention encore excessive, la réduisit de moitié.

Quelque souveraine qu'elle soit, cette décision porte seulement sur l'exigibilité du droit de consommation et ne préjuge en rien *celle des taxes locales*, qui doit avoir préalablement fait l'objet d'un arrêt spécial de la même Cour, sur un cas nettement caractérisé, pour être irrévocablement imposée comme règle générale. Les décisions des tribunaux inférieurs, même devenues particulièrement exécutoires, ont une valeur purement secondaire et ne sauraient définitivement fixer la jurisprudence tant que l'une d'elles, au moins, n'a pas été formellement confirmée par la Cour suprême dont la compétence et la lucidité se sont trop clairement affirmées dans les considérants de l'affaire Thierry pour faire craindre une décision favorable aux nouvelles prétentions de la Régie. Il n'y a, en effet, entre les deux affaires, aucune assimilation possible, parce que ce qui fait le fond du débat de la seconde est de nature essentiellement différente de celle de la première. Pour donner ouverture au droit général de consommation, il est nécessaire qu'il y ait consommation sur un point quelconque du territoire français, tandis que, pour donner prise aux taxes locales, il est indispensable qu'il y ait consommation dans l'intérieur d'un lieu sujet. Or, pendant que, dans le premier procès, il n'était pas contesté que le manquant fatal n'eût été *réellement* livré à la consommation à l'intérieur des frontières françaises, dans le second, au contraire, il est absolument incontestable que l'alcool que la Régie entend frapper des taxes locales n'a pas été livré à la consommation dans la ville sujette. Les droits d'entrée et d'octroi particuliers aux villes, sont, en quelque sorte, au droit général particulier à la France, ce qu'est celui-ci aux droits intérieurs des pays étrangers. De même que notre législation affranchit des droits français, réellement locaux par rapport à l'Europe, les produits sortant de nos frontières, de même celle des droits d'entrée et d'octroi, dans son essence même, interdit l'application des taxes urbaines aux produits qui, préparés dans les villes, en sont régulièrement sortis et en quelque sorte exportés.

Mais il ne suffit pas de démontrer combien est foncièrement injuste la prétention de la Régie ; un exemple est encore indispensable pour montrer à quelles proportions peut s'élever cette injustice et quelle criante inégalité de charges elle peut créer aux industriels, suivant qu'ils sont établis dans les villes ou dans les campagnes.

Supposons un instant, ce qui du reste se présente journellement mais pour des quantités moindres, que deux préparateurs établis, l'un à Marseille et l'autre à Septèmes, aient livré, de leurs établisssements respectifs, dans un village quelconque, des produits alcoolisés dans les mêmes proportions et pareils à celui de l'exemple qui nous a déjà servi, accusant un *manquant forcé* de 6 hectol. *(Voir les décomptes du 2ᵐᵉ Tableau.)* Lors de la mise en consommation, ces deux quantités seront imposées dans ce village exactement de la même somme de droits, 725 fr., mais en outre la première sera frappée, à Marseille, de 1.441 fr. 50 (¹), tandis que la seconde sera atteinte, à Septèmes, de 937 fr. 50 (²) seulement, c'est-à-dire 504 fr. de moins, ce qui, en admettant que les deux préparateurs aient vendu au même prix, réduirait les bénéfices de celui de Marseille de 5 fr. 04 par hectolitre de produit livré.

Bien plus, le préparateur de Marseille aurait sur son confrère le même désavantage pour les ventes sur place, car, tandis que ce dernier aurait la faculté de venir vendre ses produits à l'intérieur de la ville sans payer les taxes locales sur l'alcool passé en manquant fatal, à celui de Marseille il serait impossible de livrer la moindre quantité de ses préparations à Septèmes, sans avoir préalablement acquitté les taxes de Marseille sur le manquant fatal. En d'autres termes, d'après la règle que la Régie a la prétention de faire appliquer, les préparations effectuées dans les villes auraient à payer, sur ce manquant forcé, les taxes des villes, quoique réellement consommées dans les campagnes, tandis que celles introduites des campagnes dans les villes en seraient totalement affranchies.

Mais, si cette taxation au rebours de ce qu'elle devrait être, suivant les prescriptions de la logique la plus élémentaire, constitue la plus grande injustice de l'application irrationnelle des taxes locales au manquant fatal, elle n'est pas la seule qu'elle produirait. Il y a lieu de rappeler, en effet, que l'esprit ajouté est imposé sous deux formes : une première fois sur l'alcool (contenu) et une seconde fois sur son volum (contenant) porté en compte comme vin. Ainsi. dans le cas où la préparation D serait livrée à la consommation à *Septèmes,* les 6 hect. d'alcool

(1) 1.441 fr. 50 = 6 h. » lit. × (156 fr. 25 consommation + 84 fr. taxes locales).

(2)   937 fr. 50 = 6 h. » lit. × 156 fr. 25 consommation.

3

(fournis par 750 lit. d'esprit à 80°) ressortant en manquant fatal, auraient à payer, en sus du droit général de consommation toujours exigible, savoir :

A Marseille, lieu de préparation, comme alcool........ Fr. 504 00

A Septèmes, lieu de consommation, comme vin........ 7 50

Ensemble...... 511 50

Dans le cas, au contraire, où elle serait consommée à Marseille, la somme des droits appliqués à l'esprit se traduisant en manquant serait supérieur de 78 fr. 75 à celle qu'il aurait à subir si, au lieu d'être employé au vinage, il était livré en nature à la consommation locale.

Un cas particulier est encore à signaler parmi les bizarres conséquences de la nouvelle doctrine administrative consistant à prétendre que le manquant fatal du produit viné à Marseille et consommé à Septèmes doit les taxes de Marseille, tandis que celui viné à Septèmes et consommé à Marseille doit en être affranchi. Suivant cette doctrine, l'exigibilité résulte exclusivement du fait matériel et local du vinage et, par suite, la constatation et la perception de ces taxes ne peuvent être effectuées que dans les villes mêmes où ont lieu les vinages.

Or, il est une catégorie d'alcoolisateurs chez lesquels l'absolu de cette règle rendrait impossible l'application de ces taxes. C'est chez les industriels qui, n'ayant pu dédoubler leur outillage ni déterminer d'avance la part de leur production qui sera livrée à l'exportation et celle qui conviendra à la consommation française, ont été obligés d'adopter le régime du *compte unique* dans deux établissements situés : l'un dans une localité non sujette à des droits locaux et l'autre dans un port d'expédition à l'étranger (Septèmes et Marseille, par exemple).

Procédant à des opérations préparatoires dans leur premier établissement, ils y emploient aux alcoolisations des quantités considérables d'alcool, celles précisément qui, élevant les vins employés de 10°, 11° ou 12° à 15° se traduisent intégralement en manquant fatal. Afin de profiter, comme tous leurs confrères, de la franchise légale du droit général de consommation sur la partie de ce manquant fatal relative aux produits exportés et partant de Marseille, ils transfèrent du premier au second établissement le crédit du droit de consommation, seul dû à Septèmes, lieu du vinage, et qui seul aurait été perçu sans autre réserve, si le crédit n'en avait été transféré à Marseille. Ici, des alcoolisations nouvelles, mais beaucoup plus faibles, ont lieu et sont portées en compte, confondues avec celles provenant de Septèmes. A la fin de l'année, après déduction de la portion du manquant fatal contenu dans les produits exportés, le règlement opéré conformément aux instructions administratives fait apparaître la portion du manquant total relative aux livraisons faites à la consommation française et ayant pour origine principale les vinages effectués à Septèmes où les taxes locales de Marseille ne doivent et ne peuvent être constatées ni perçues par anticipation. La totalité du manquant résultant de ce règlement sera dûment frappée du droit général de consommation. Devra-t-elle être aussi imposée, dans son intégralité, des taxes de Marseille? Evidemment non, d'après le système administratif qui réclame seulement l'application des taxes propres à la localité où sont pratiqués les vinages. Pour satisfaire à cette doctrine, il faudra donc, dans le manquant collectif apparaissant à Marseille, distinguer, pour l'affranchir des taxes locales, la partie provenant des vinages effectués à Septèmes, de celle imputable aux alcoolisations de Marseille, seule imposable des taxes de cette ville, quoique contenue dans des produits livrés à la consommation extérieure. Mais comment se fera cette distinction? Il est impossible de le prévoir. Il paraît probable que l'Administration trouvera plus commode de résoudre cette difficulté à son avantage, en émettant une nouvelle prétention, qui constituerait pourtant une dérogation formelle à la règle qu'elle vient de poser, et qui consisterait à soutenir que le fait seul du transfert d'une localité non sujette dans une autre sujette, fait perdre à l'alcoolisateur le bénéfice de l'affranchissement des taxes locales sur l'alcool à crédit transféré, sans que pour cela le transfert inversement fait puisse en aucun cas produire l'effet opposé. De telle sorte que, pour eux seuls, le simple transfert de crédit du droit général de consommation entraînerait l'exigibilité des taxes locales sur tous les produits qu'ils n'expédieraient pas à l'étranger, tandis que l'acquittement préalable de ce droit en affranchit définitivement leurs confrères du dehors même sur les produits qu'ils livrent à la consommation des villes.

Mais, si la taxation du **manquant total**, sans distinction entre les deux parties ayant deux origines différentes, est un moyen commode et avantageux pour la Régie de résoudre, à son profit, la difficulté pratique de cette distinction, cette solution placerait les industriels dont les opérations sont régies par le compte unique dans une véritable impasse. Ceux-ci, en effet, n'ont adopté le compte unique dans deux établissements concourant à la préparation d'un même produit et n'ont demandé le transfert que dans le but de profiter, comme leurs confrères, de la décharge en franchise du **manquant fatal** afférent aux produits exportés. Or, l'exportation atteignant à peine 15 à 20 0/0 de la production totale chez les plus importants des préparateurs placés sous le régime mixte, ceux-ci ne sont déchargés que dans cette proportion du droit général de consommation qui, en cas de non-exportation, serait applicable au **manquant fatal** résultant de leurs alcoolisations. Mais, d'autre part, la somme des taxes locales des villes où sont établis ces industriels s'élève à plus du quart (pour Marseille, à plus de moitié) du taux du droit de consommation. Le montant de la décharge du droit général, pour cause d'exportation, serait donc inférieur à celui de la surcharge créée par l'application des taxes locales aux produits livrés hors des villes.

Par conséquent ils auraient tous avantage à renoncer à la franchise du droit général sur la partie du **manquant fatal** relative aux produits exportés, c'est-à-dire à acquitter dans leur premier établissement le droit de consommation sur tout l'alcool qui ne se traduit pas en degrés de surforce, afin de ne transférer dans les villes que ces derniers degrés et de s'affranchir ainsi de toute réclamation ultérieure de taxes locales. De telle sorte que ces industriels se trouveraient placés dans cette singulière situation : d'avoir à opter, entre deux traitements à conséquences également injustes, pour celui qui causerait le moins de préjudice à leurs légitimes intérêts.

Les désavantages résultant de cette mesure fiscale, pour les préparateurs urbains, sur leurs confrères des campagnes, ne seraient pas moindres pour eux par rapport aux importateurs. Ceux-ci, en effet, après avoir soumis les produits importés au tarif douanier, absolument impuissant à y saisir le **manquant fatal,** ont ensuite, comme les producteurs des campagnes, la faculté, aveuglément refusée aux préparateurs des villes, de les livrer à la consommation sur un point quelconque de notre territoire et jusque dans les villes de leurs concurrents, sans payer la moindre taxe intérieure *générale* ou *locale*, sur la partie, non moins importante que chez nos préparateurs, de l'alcool ajouté à leurs produits qui n'y a pas formé les degrés de surforce.

La logique, l'équité et l'égalité de tous les préparateurs devant la loi de l'impôt, complètement d'accord en cela avec les légitimes intérêts fiscaux, demanderaient que le crédit des droits sur tout l'alcool additionnel, **manquant fatal** ou surforce, et la faculté de transférer ce crédit soient établis, non pas à titre facultatif, mais comme règle obligatoire pour tous les préparateurs sans exception. Cette règle aurait, en effet, le grand avantage fiscal de porter en compte, à l'occasion de chaque vinage, non seulement chez les préparateurs des villes, mais encore chez ceux des campagnes, l'alcool dit **manquant fatal**, comme elle le fait actuellement pour la surforce, et de le soumettre en même temps que celle-ci au paiement de toutes les taxes percevables au lieu de mise en consommation. Elle aurait en outre pour heureux et légitime résultat : d'une part, d'appliquer, dans les produits livrés des campagnes à la consommation des villes, le paiement des taxes locales au **manquant fatal** qui en est aujourd'hui affranchi ; et, d'autre part, d'épargner aux préparateurs des villes les injustes réclamations dont ils sont actuellement l'objet. Mais, si des difficultés pratiques dont l'Administration paraît s'exagérer l'importance, se sont opposées jusqu'ici à l'établissement de cette règle, elles ne sauraient suffire pour légitimer la prétention d'imposer le paiement des taxes locales, de Marseille, par exemple, à une portion de l'alcool additionnel faisant partie intégrante des préparations expédiées de cette ville à la consommation d'une autre ville quelconque, et encore moins à celle des produits sortant de la même ville pour être consommés dans les campagnes.

Plus on s'efforce d'approfondir cette question, d'en examiner les divers aspects et de chercher la justification de la revendication de la Régie, moins on en aperçoit la légitimité et l'intérêt final. Par contre on voit plus clairement l'étendue et la gravité des inconséquences, des préjudices et des dangers que créerait sa mise à exécution.

Il est hors de doute, en effet, que, pour s'affranchir des taxes injustes, tous les industriels des villes, établis dans des immeubles de location, vont émigrer dans les campagnes, d'où ils pourront continuer à vendre dans les villes, sous de meilleures conditions fiscales. Là, en effet, non seulement ils seront règlementairement à l'abri de toute réclamation de taxe locale sur le **manquant fatal**, mais encore, à la faveur d'une surveillance nécessairement moins étroite, ils trouveront, si cela leur convient, les moyens de l'affranchir aussi, dans une large mesure, du droit général de consommation. Ce mouvement d'émigration a déjà commencé et, pour quelques-uns, il est devenu un fait accompli. Leurs confrères ne sauraient tarder à suivre leur exemple, non seulement pour éviter le paiement d'une surcharge fiscale, mais encore pour se mettre à même de lutter à armes égales contre la concurrence des premiers émigrés. Le déplacement de ces industriels et de la nombreuse population ouvrière qui vit de la même industrie déterminera nécessairement une diminution importante de recettes pour les villes. Sans vouloir insister sur ce côté de la question, on se demande vraiment quels motifs peut avoir la Régie pour chercher ainsi à disséminer sur les points les plus divers des industries employant des alcools dans leurs produits et joignant généralement à cette industrie le commerce des spiritueux proprement dits. Il semble qu'elle aurait, au contraire, au point de vue de la facilité et de l'efficacité de la surveillance, un intérêt majeur à chercher à les grouper, ou du moins à les maintenir dans les grands centres entourés de barrières gardées à vue d'une manière permanente et offrant des garanties plus sûres contre les tentatives de fraude.

Telles seraient, pour les préparateurs des villes, pour le moins aussi nombreux que ceux des campagnes, et, en même temps pour les recettes du fisc et des communes urbaines, les funestes conséquences de l'application foncièrement injuste des taxes locales au **manquant fatal** non consommé dans l'intérieur des villes où sont effectuées les préparations de vermouths et de vins de liqueur.

La question d'application des taxes locales à cet alcool n'est pas récente, puisqu'elle a été prévue, traitée et même réglée par le passage déjà cité et non abrogé des dispositions générales, communes à tous les comptes d'alcoolisation, de l'Instruction organique du 22 décembre 1864. Depuis, l'Administration centrale de la Régie a été maintes fois consultée, dans des cas spéciaux, par les directeurs départementaux, excepté sans doute par le sous-directeur de Béziers qui s'était trop avancé pour se déjuger, en opérant des constatations nouvelles sans avoir préalablement jugé nécessaire de prendre l'avis de l'Administration supérieure. Jusqu'à ces dernières années, les réponses et les décisions de la Direction générale, que les agents d'exécution prenaient quelquefois plaisir à communiquer textuellement aux intéressés, témoignaient clairement qu'un intérêt exclusivement fiscal ne présidait pas seul à l'examen et à la solution des questions qu'elle avait à résoudre, mais qu'une large part y était légitimement attribuée aux considérations générales d'équité, d'égalité devant l'impôt et de sage protection des intérêts industriels et commerciaux auxquels le législateur n'a jamais entendu porter la moindre atteinte. Voici en quels termes elle répondait, en 1878, au directeur d'un département du Midi, d'après la communication qu'a bien voulu nous faire un de nos confrères, de la copie qu'il avait relevée à cette époque et soigneusement conservée depuis.

Extrait de la Réponse au Rapport 103 du 3me trimestre 1877

EXPOSÉ DE LA QUESTION

« *Plusieurs marchands en gros de la ville de..........procèdent à des vinages* « *pour lesquels, à défaut d'un compte général de vins vinés, le crédit de l'impôt ne* « *leur est accordé que sur la surforce alcoolique dépassant 15 degrés. La portion de* « *l'alcool ajouté qui ne ressort pas à titre de surforce imposable est immédiatement* « *frappée des droits de consommation, d'entrée et d'octroi. Par le fait du paiement des*

« *taxes locales sur l'alcool additionnel au-dessous de 15°, ces assujettis se trouvent*
« *dans des conditions d'infériorité à l'égard de leurs confrères, soit du dehors, soit*
« *de l'intérieur, qui, présentant à l'entrée des vins tout vinés, n'ont à payer ou à*
« *garantir l'impôt que sur la surforce au delà de 15°.*

RÉPONSE

    « L'esprit d'équité commande ici l'abandon des taxes locales sur l'alcool
« **au-dessous de 15°** ; *désormais le paiement n'en sera plus exigé. En vertu du même*
« *principe, chez les alcoolisateurs qui procèdent à des vinages, avec le crédit de l'impôt*
« *sur la totalité de l'alcool ajouté, les livraisons faites à l'intérieur du lieu sujet*
« *seront également affranchies des taxes locales sur l'alcool additionnel jusqu'à 15°.*

    « Nota. — C'est dans ces conditions que les comptes du premier trimestre devront
« être réglés.

    « N° 3120. — Copie remise à Monsieur le Contrôleur, avec invitation de se conformer aux
« prescriptions ci-dessus, c'est-à-dire à ne pas frapper des taxes locales l'alcool ajouté formant
« l'écart provenant du volume versé sur les vins jusqu'à 15 degrés.

« ...., le 15 mars 1878.

« *Le Directeur,* »

    Le Directeur qui avait provoqué cette réponse était loin d'être tendre pour
les alcoolisateurs de son département, auxquels il avait, de sa propre autorité,
arbitrairement imposé, par convention particulière, un règlement draconien de son
invention que l'Administration supérieure dut complètement réformer. Cependant
il n'avait pas cru pouvoir pousser ses exigences jusqu'à imposer le paiement des
taxes locales ; au contraire, en suggérant, ainsi qu'il est aisé de le remarquer dans
l'exposé même de sa question, la solution à lui donner, il s'était spontanément fait
un devoir de solliciter l'abandon de ces taxes, non seulement sur le manquant fatal
afférent aux produits sortant des villes, mais encore sur celui relatif aux livraisons
locales.

L'équité qui commandait si impérieusement l'abandon de ces taxes, à une époque de nécessités budgétaires autrement graves que celles de l'heure présente, est-elle aujourd'hui primée par des considérations d'un ordre tellement supérieur, que l'Administration ne puisse faire autrement que de se déjuger sur une question de principe qui n'a pourtant nullement changé depuis, ni de nature, ni d'aspect? C'est ce qu'il serait important et utile de faire connaître aux intéressés.

Après avoir franchement approuvé, malgré les lourdes charges qu'elles doivent leur imposer, les dispositions du nouveau projet de réforme de l'impôt des boissons concernant leur industrie, et en avoir même instamment réclamé le vote par anticipation, les préparateurs de vermouths et de vins de liqueur avaient quelques raisons d'espérer qu'en attendant la mise en vigueur de nouvelles dispositions, plus onéreuses mais aussi plus égales et plus équitables, la Régie jugerait au moins à propos de surseoir à de nouvelles revendications basées sur les lacunes et les incohérences de la législation si mal définie qui leur est actuellement appliquée.

Contrairement à cette légitime attente, les préparateurs établis dans les villes, mais livrant la majeure partie de leurs préparations à la consommation nationale, en dehors de ces villes, ainsi que les industriels qui, placés sous le régime du compte unique, vendent une partie de leur production à l'étranger et la presque totalité de l'autre partie en France, en dehors des villes où ils résident, viennent d'être mis en demeure d'acquitter le montant des taxes locales sur la portion, **inexactement qualifiée MANQUANT FATAL**, de l'alcool employé dans leurs produits, qui y a formé la teneur alcoolique inférieure à 15°, et sur laquelle ils n'avaient jamais payé, sous le régime actuel, que le simple droit de consommation.

Ajoutée à tant d'autres, cette nouvelle exigence menace de ruiner complètement ou de faire émigrer dans les campagnes le commerce et l'industrie des vins de liqueur qui étaient, il y a peu d'années, si prospères dans les villes de Marseille, Cette et Béziers.

Si les rigueurs précédemment déployées contre ces industriels et les restrictions successivement apportées à la législation mal définie qui leur a toujours été appliquée, rigueurs et restrictions qui, jointes aux funestes effets du nouveau régime douanier, ont eu de si déplorables conséquences pour la production nationale, pouvaient, à certains égards, malgré leur réelle exagération, paraître nécessaires pour mettre obstacle à des manœuvres plus ou moins réelles et préjudiciables aux intérêts du Trésor et des communes, celle-ci, au contraire, ne peut être justifiée par des considérations aussi légitimes. Il n'est nullement question, en effet, dans cette nouvelle mesure, de fraude à réprimer ou à prévenir puisque, par des circulaires, des instructions et des décisions aussi nombreuses que formelles et précises, l'Administration elle-même avait, jusqu'ici, prescrit, approuvé et confirmé comme équitable et conforme à l'esprit de la législation, l'exemption des taxes qu'elle se croit obligée de réclamer aujourd'hui. Ne suffit-il pas de signaler cette flagrante contradiction, pour démontrer que la nouvelle réclamation ne peut être basée que sur les malentendus, les confusions et les subtilités d'interprétation que nous avons essayé de mettre en lumière?

Ce qui donne à cette réclamation, aussi injuste dans son principe que dans ses conséquences, un caractère particulièrement inopportun, c'est qu'elle se produit à la veille de la réforme complète d'une législation surannée, dont les défauts, en ce qui concerne particulièrement le régime des vins de liqueur, ne sont plus à signaler. L'Administration elle-même ne peut ignorer que les dispositions du nouveau projet visant cette industrie, dispositions auxquelles elle a naturellement collaboré et dont les intéressés eux-mêmes réclament le vote avec instance, doivent précisément avoir pour effet, en imposant tout l'alcool, naturel ou additionnel, contenu dans les vermouths et les vins de liqueur, de supprimer à l'avenir, le manquant fatal et toutes les questions qu'il a fait naître. Ce serait donc pour le vain caprice de faire trancher une des plus subtiles et des plus confuses questions, non pas de justice, mais de pure et abstraite légalité, et sans aucune utilité future, ni pour elle-même, ni pour les préparateurs, qu'elle soumettrait à l'appréciation des tribunaux et de la Cour suprême la question d'exigibilité des taxes locales, qu'il suffit d'examiner attentivement et sans passion fiscale pour la résoudre conformément aux règles élémentaires de justice et d'équité et à la légitime satisfaction des intérêts qui y sont engagés.

Déjà, d'après une communication récemment faite aux intéressés, après examen de leurs premières protestations, elle a commencé par reconnaître que la rétroactivité primitivement donnée à sa réclamation leur causerait un grave préjudice et que, pour l'éviter, il était juste de renoncer à l'application des taxes locales aux quantités d'alcool *manquant fatal* résultant de vinages antérieurs à l'année courante. Cette décision, qui par elle-même marque une certaine détente précieuse à enregistrer, permet d'espérer qu'un nouvel examen de la question, plus étendu et plus approfondi, lui montrera également combien il serait injuste d'appliquer, pendant le court espace de temps qui peut s'écouler avant l'application d'une nouvelle législation, l'impôt très élevé des villes à une partie quelconque des boissons qui sont réellement consommées en dehors de ces villes, et que, pour toutes ces considérations réunies, elle trouvera plus équitable et plus rationnel d'attendre que la réforme très prochaine de l'impôt des boissons fasse définitivement tomber dans l'oubli cette irritante question.

Mais en attendant la mise en vigueur d'une législation impatiemment

4

demandée, il est indispensable que les préparateurs, si gravement menacés, saisissent et provoquent toutes les occasions d'exposer aux défenseurs attitrés des intérêts industriels et commerciaux de leurs régions respectives les graves préjudices que leur causerait cette exigence foncièrement injuste, la perturbation inopportune qu'elle jetterait dans leurs opérations courantes, l'impossibilité matérielle, pour le présent, et l'inutilité, pour l'avenir, de transformer leur organisation industrielle en vue de changer de comptabilité fiscale, et de les prier instamment d'user de toute leur légitime influence auprès des Pouvoirs publics, pour faire valoir les nombreuses et importantes considérations qui réclament impérieusement l'adoption prochaine d'un régime fiscal mieux approprié aux besoins de leur industrie.

PREMIER TABLEAU

indiquant : 1° les quantités d'esprit à 86° nécessaires, dans divers cas, pour élever de quelques degrés le titre primitif des vins servant à la préparation des vermouths ; 2° les proportions, après vinage, des forces alcooliques, naturelle et additionnelle, et 3° la partie de cette dernière non admise au crédit des droits par la Régie qui, pour ce seul motif, la fait apparaître sous forme de déficit improprement appelé **Manquant fatal.**

NUMÉROS des OPÉRATIONS	VOLUME DES VINS ET DES ESPRITS EMPLOYÉS		DEGRÉS				ALCOOL				CONSÉQUENCES FISCALES des ALCOLISATIONS		
			NATUREL		AJOUTÉ		NATUREL		ADDI-TIONNEL				
	H.	L.					H.	L.	H.	L.		H.	L.
A Vin....	1.000	»	12°	»	»	»	120	»	»	»	Alcool employé....	23	89
Esprit..	27	78	»	»	86°	»	»	»	23	89	Alcool apparu en surforce..	»	»
Produit.	1.027	78	11°	676	2°	324	120	»	23	89	Diff. **Manquant fatal.**	23	89
			14°				143	89					
B Vin....	1.000	»	12°	»	»	»	120	»	»	»	Alcool employé....	36	34
Esprit..	42	25	»	»	86°	»	»	»	36	34	Alcool apparu en surforce..	»	»
Produit.	1.042	25	11°	514	3°	406	120	»	36	34	Diff. **Manquant fatal.**	36	34
			15°				156	34					
C Vin....	100	»	15°	»	»	»	15	»	»	»	Alcool employé....	3	79
Esprit..	4	41	»	»	86°	»	»	»	3	79	Alcool apparu en surforce..	3	13
Produit.	104	41	14°	37	3°	63	15	»	3	79	Diff. **Manquant fatal.**	»	66
			18°				18	79					
D Vin....	90	»	10°	»	»	»	9	»	»	»	Alcool employé....	8	»
Esprit..	10	»	»	»	80°	»	»	»	8	»	Alcool apparu en surforce..	2	»
Produit.	100	»	9°	»	8°	»	9	»	8	»	Diff. **Manquant fatal.**	6	»
			17°				17	00					
E Vin....	1.000	»	15°	»	2°	»	150	»	20	»	Alcool surforce primitive...	20	»
Esprit..	29	85	»	»	86°	»	»	»	25	67	Alcool nouvellement employé	25	67
Produit.	1.029	85	14°	566	4°	434	150	»	45	67	Total de l'alcool additionnel.	45	67
											Surforce portée en décharge..	41	19
			19°				195	67			Diff. **Manquant fatal.**	4	48

VERMOUTI

Composition.............	Vin............	90 h.	à 10° = alcool naturel....	9 h.
	Esprit.........	10 h.	à 80° = alcool additionnel.	8 h.
	Total.......	100 h.	à 17° = alcool. Total....	17 h.

1   Préparé à Marseille et consommé à Rognac

Droits simples. { d'entrée à Marseille. F. 30 »		} 84ᶠ » sur 6 h. **d'alcool défectif 504ᶠ** »	
{ d'octroi à Marseille. » 54 »			
Droit simple de consommation..............	156 25 sur	6 h. d'alcool défectif. 937 50	
Droit simple de circulation................	1 » sur 100 h. de vin........ 100 »		2166
Droit double de consommation.............	312 50 sur	2 h. d'alcool surforce. 625 »	

Différence à l'avantage du Vermouth

2   Préparé et consommé à Marseille

Droits simples. { d'entrée......... F. 30 »	84ᶠ » sur 6 h. **d'alcool défectif 504ᶠ** »	
{ d'octroi.......... » 54 »		
Droit simple de consommation............	156 25 sur 6 h. d'alcool défectif 937 50	
Droits simples. { de circulation..... F. 1 »	10 50 sur 100 h. de vin .... 1050 »	3452
{ d'entrée.......... » 4 50		
{ d'octroi.......... » 5 »		
Droits doubles. { de consommation.. F. 312 50	480 50 sur 2 h. d'alcool surforce 961 »	
{ d'entrée.......... » 60 »		
{ d'octroi.......... » 108 »		

Différence à l'avantage du Vermouth

TABLEAU

CHARGES FISCALES

.'entrée et du droit d'octroi (taxes locales)

elatif aux produits livrés à la consommation en dehors des villes où ils ont été préparés

A 17 DEGRÉS

Décomposition fiscale....	Total de l'alcool ajouté............................	3 h.	
	Partie reparue en surforce (100ʰ × 2°)...............	2 h.	
	Partie défective, dite **Manquant fatal**..............	6 h.	

1ᵃ   Préparé à Septèmes et consommé à Rognac

Droit simple de consommation............... 156ᶠ 25 sur 6 h. d'alcool défectif. 937ᶠ 50

Droit simple de circulation............... 1 » sur 100 h. de vin........ 100 »   1662ᶠ 50

Droit double de consommation............ 312 50 sur 2 h. d'alcool surforce 625 »

préparé à Septèmes : 504 fr., soit 5 fr. 04 par hectolitres.

2ᵃ   Préparé à Septèmes et consommé à Marseille

Droit simple de consommation............ 156ᶠ 25 sur 6 h. **d'alcool défectif** 937ᶠ 50

Droits doubles.
de circulation..... F. 1 »
d'entrée.......... » 4 50   10 50 sur 100 h. de vin......... 1050 »
d'octroi.......... » 5 »

2948ᶠ 50

Droits doubles.
de consommation.. F. 312 50
d'entrée.......... » 60 »   480 50 sur 2 h. d'alcool surforce 961 »
d'octroi.......... » 108 »

préparé à Septèmes : 504 fr., soit 5 fr. 04 par hectolitres.

PRINCIPAUX ARTICLES

de la législation des Droits d'octroi et d'entrée sur les Boissons

TAXES LOCALES

OCTROI

Ordonnance du 9 décembre 1814

« Vu les lois et règlements généraux maintenus par la loi du 8 décembre 1814, pour l'administration et la perception des octrois, voulant en assurer l'exécution pleine, entière et uniforme, et **prévenir toute interprétation fausse ou abusive sur aucune de leurs dispositions,** nous avons jugé indispensable de présenter, dans une seule et même Ordonnance, toutes les mesures générales. d'exécution qui dérivent des lois et règlements ci–dessus rappelés. »

TITRE III. — *Des matières qui peuvent être soumises au droit d'octroi.*

Article 11. — Aucun tarif d'octroi ne pourra porter que sur **des objets destinés à la consommation des habitants du lieu sujet.**

Article 24. — Les objets récoltés, **préparés ou fabriqués,** dans l'intérieur d'un lieu soumis à l'octroi, ainsi que les bestiaux qui y seront abattus, seront toujours assujettis par le tarif **au même droit que ceux introduits du dehors.**

TITRE VI. — Article 41. — L'entrepôt est la faculté donnée à un propriétaire ou à un commerçant de recevoir et d'emmagasiner dans un lieu sujet à l'octroi, sans acquittement de droit, les marchandises qui y sont assujetties et auxquelles il réserve une **destination extérieure.**

Loi du 28 avril 1816

§ 4. **DE L'ENTREPOT.** — Article 31. — Tout négociant ou propriétaire qui fera conduire dans un lieu sujet aux droits d'entrée au moins 9 hectolitres de vin, 18 hectolitres de cidre ou poiré, ou 4 hectolitres d'eau-de-vie ou esprit pourra réclamer l'admission de ces boissons en entrepôt, et ne sera tenu d'acquitter les droits que sur les quantités non représentées, et qu'il **ne justifiera pas avoir fait sortir de la commune.**

TITRE II. — ARTICLE 147. — Lorsque les revenus d'une commune seront insuffisants pour ses dépenses, il pourra y être établi, sur la demande du Conseil municipal, un droit d'octroi **sur les consommations.**

ARTICLE 148. — Les droits d'octroi continueront à **n'être imposés que sur les objets destinés à la consommation locale.** Il ne pourra être fait d'exception à cette règle que **dans des cas extraordinaires** et en vertu d'une loi spéciale.

Décret du 12 février 1870

ARTICLE 10. — En aucun cas, les objets inscrits au tarif ne pourront être soumis à des taxes différentes à raison de ce qu'ils proviendraient de l'extérieur ou de ce qu'ils seraient récoltés ou **fabriqués** dans l'intérieur du lieu sujet.

ENTRÉE

Loi du 28 avril 1816

CHAPITRE II. — ARTICLE 20. — Il sera perçu au profit du Trésor, dans les villes et communes ayant une population agglomérée de 2.000 âmes et au-dessus, conformément au tarif annexé à la présente loi, sous le n° 2, un droit **d'entrée** sur les boissons introduites ou fabriquées dans l'intérieur et **destinées à la consommation du lieu.**

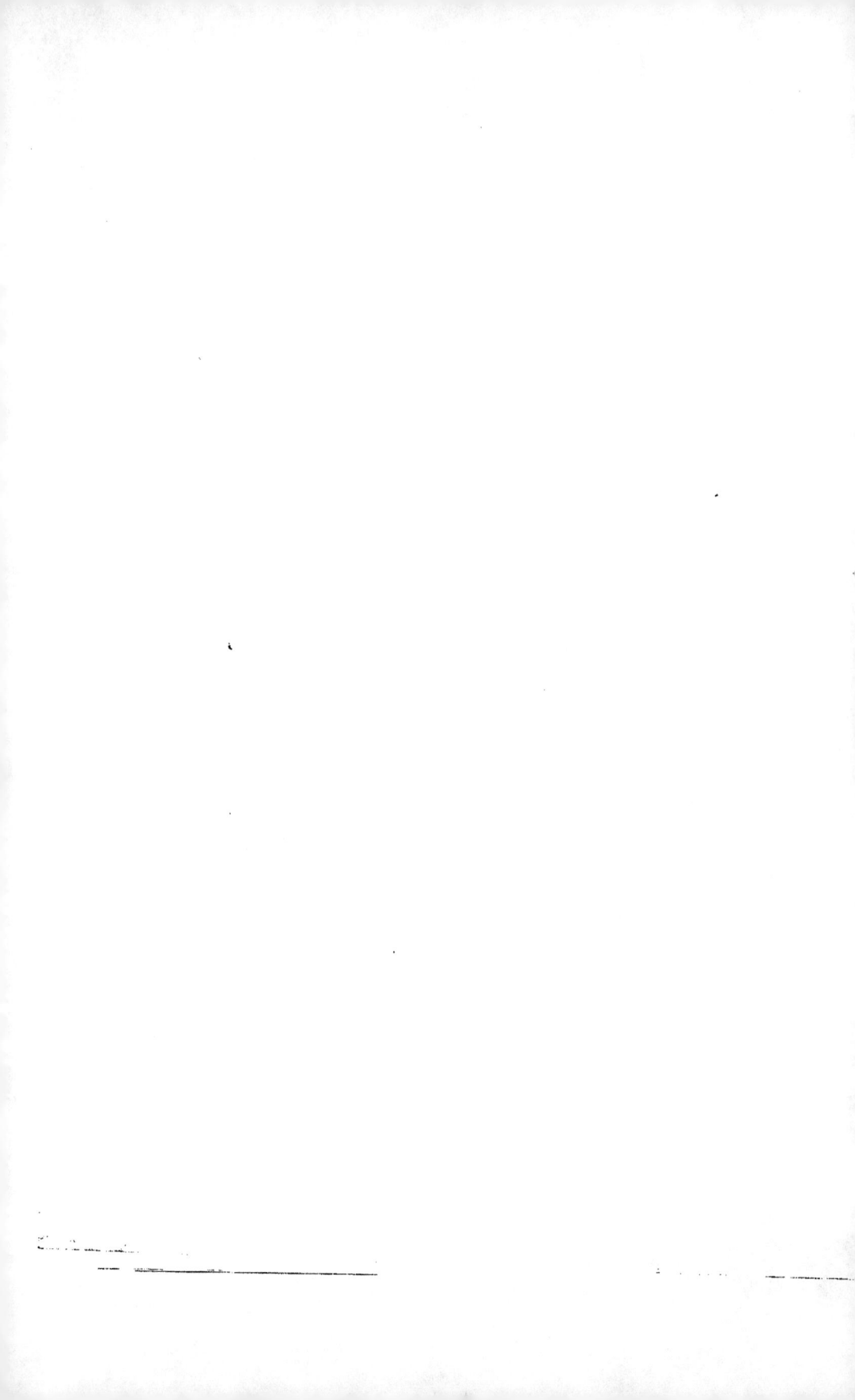

www.ingramcontent.com/pod-product-compliance
Lightning Source LLC
Chambersburg PA
CBHW060506210326
41520CB00015B/4118